Reflexões e Preces para o Caminhante

Viver melhor pela fé

Carlos Afonso Schmit

Reflexões e Preces para o Caminhante

Viver melhor pela fé

EDITORA
SANTUÁRIO

Direção editorial:
Pe. Marcelo C. Araújo, C.Ss.R.

Copidesque:
Leila Cristina Dinis Fernandes

Editor:
Avelino Grassi

Revisão:
Cristina Nunes

Coordenação Editorial:
Ana Lúcia de Castro Leite

Capa e Diagramação:
Marcelo Tsutomu Inomata

As citações bíblicas correspondem à tradução da Bíblia Sagrada de Aparecida, da Editora Santuário.

Dados Internacionais de Catalogação na Publicação (CIP)
(Câmara Brasileira do Livro, SP, Brasil)

Schmitt, Carlos Afonso
Reflexões e preces para o caminhante: viver melhor pela fé / Carlos Afonso Schmitt. – 1. ed. – Aparecida, SP: Editora Santuário, 2013.

ISBN 978-85-369-0310-1

1. Espiritualidade 2. Orações 3. Reflexões 4. Vida cristã – Meditações I. Título.

13-05590 CDD-242.2

Índices para catálogo sistemático:

1. Orações: Vida cristã: Cristianismo 242.2
2. Reflexões: Vida cristã: Cristianismo 242.2

Composição, CTcP, impressão e acabamento:
Editora Santuário - Rua Pe. Claro Monteiro, 342
12570-000 – Aparecida-SP – Tel. (12) 3104-2000

Sumário

Introdução

Somos eternos buscadores de Deus. Procuramos incansavelmente sua face em todos os caminhos que a vida nos oferece. Inúmeros são hoje os contratempos, incontáveis as adversidades que nos abalam.

E uma apenas é a bússola que norteia nossos passos, cansados e indecisos passos de peregrinos: nossa fé.

É urgente fortalecê-la em meio à problemática da vida moderna, em que tantos novos messias se nos apresentam como salvadores, que nossos ouvidos estão tontos de palavras vãs. Por vezes, nosso coração se inquieta e angustia, não sabendo, por instantes, qual o caminho seguro a trilhar.

Somos os romeiros de Deus em permanente jornada, rumo à Pátria que nosso coração anseia. Há noites escuras, tempestades a enfrentar, fome e sede, frio e calor, cansaço e desânimo: tudo que os pés e o coração do peregrino bem conhecem.

E a quem recorrer? Olhar para quem, como guia e modelo para a caminhada?

E eis que ela surge: a corajosa, a forte, a fiel seguidora do Senhor: *Maria*. Da manjedoura ao Calvário, da morte à ressurreição: ei-la de pé, firme, confiante, vencedora.

Somos, por isso também, romeiros de Maria. Ela nos conduz ao Cristo, e seu Espírito nos conduz ao Pai.

Na romaria da vida, demo-nos as mãos. Na corrente da fé, sigamos *unidos*. Este é o caminho. É só prosseguir.

O Semeador

Saiu o semeador a semear...
Parte da semente caiu em solo duro,
ao longo do caminho;
parte em solo pedregoso;
parte entre espinhos e, enfim,
uma parte apenas caiu em terra boa,
produzindo frutos em abundância.
(Cf. Mt 13,1-23)

Foto: Arquivo - Jornal Santuário

Palavras são sementes

Deus é o semeador.
A terra é o nosso coração.
Será ele duro, pedregoso,
cheio de espinhos,
ou acolherá as sementes
como terra fértil,
produzindo frutos em profusão?

Foto: Arquivo - Jornal Santuário

1. A mão de Deus nos conduz

Vivemos hoje a história do povo de Deus que precisa urgentemente sair da escravidão. Naquele tempo, o Faraó os prendia no Egito, fazendo-os sofrer, como escravos, as mais tristes e rudes humilhações, os mais severos e duros trabalhos.

Até que, boiando em um cesto, percorrendo as águas do rio Nilo, milagrosamente chegou até a filha do Faraó um pobre menino, aquele que mais tarde se tornaria o porta-voz de Deus. Deram a ele o nome de *Moisés*, criado em meio aos luxos do palácio, sem que seu coração esquecesse sua humilde origem. **Era um do povo:** do povo sofrido, que clamava por libertação (cf. Êx 2,1-10).

– São muitas as **escravidões** do século XXI.
– Muitos são os Egitos que habitamos.
– Muitos são os Faraós que nos prendem.

A posse de bens materiais, a ganância transformada em **consumismo desenfreado**, eis um de nossos deuses-de-barro que adoramos.

A mídia nos bombardeia dia e noite e ficamos surdos à voz da razão. A emoção nos sufoca, tornando-nos cegos à luz que o coração irradia.

Ter, possuir, gastar... mesmo que nos endividemos e nosso cartão de crédito estoure todos os limites. É a escravidão da moda, das grifes, do mundo fashion, das luzes, dos holofotes: e aplaudimos o que os faraós modernos nos impingem, com todas as seduções que a tecnologia impõe.

São as drogas, o álcool, a exploração sexual (até mesmo infantil!), a pedofilia: escravidões e mais escravidões a subjugar os incautos peregrinos dos mais diversos caminhos da vida! Quanta alienação a nos tentar constantemente! Quantas amarras a nos prender, fracos e incapazes de reagir.

Onde está Moisés, aquele que nos alerta, conclama, acorda e incentiva a sair de nossos Egitos?

Ei-lo na voz da Igreja, na voz de "Maria de todos os nomes e títulos", na voz dos profetas da Boa-Nova que nos convidam a seguir o Cristo.

"Pois com mão poderosa Javé nos tirou do Egito" (Êx 13,16).

– Sua **mão** continua a nos **conduzir**.
– Sua **voz** continua a nos **falar**.
– Seu **poder** continua a se **manifestar**.

Somos o seu povo. Por Ele escolhidos, somos os peregrinos de Deus do século XXI.

Você, amigo leitor, é um deles. Siga seu caminho e permita que a mão de Deus o conduza. Não há deserto que Ele não conheça. Não há inimigo que ele não vença.

Segure na mão de Deus... e vá!

PRECE DE LIBERTAÇÃO

Senhor,
liberta-me de minhas escravidões.
Há tantas amarras que me prendem!
Há tantos deuses-de-barro
convidando-me a segui-los!
É o consumismo desenfreado
que me tenta com suas luzes e cores.
É o vício do álcool ou das drogas
querendo subjugar-me
com suas garras traiçoeiras.
Liberta-me, Senhor!
Que a tua mão poderosa me conduza
para terras mais férteis
para festejar a liberdade
dos que vivem sob tua bênção.
Manifesta, Senhor, teu poder
em meio aos desertos de minha vida.
Tua voz me conclama e conduz
por caminhos mais seguros:
seguirei feliz teus passos.
Antes, porém,
liberta-me, Senhor!

Foto: Arquivo - Jornal Santuário

2 Atravessando nosso Mar Vermelho

Largamos nosso vício, felizes por consegui--lo, e em pouco tempo a saudade bate. Temos a impressão de que era bem melhor "naquela terra", mesmo que fôssemos escravos. Estranha força nos prende ao passado, mantendo-nos presos a hábitos que, ao mesmo tempo, amamos e detestamos. Vivemos em permanente conflito, divididos em nossos desejos, sem paz interior nem metas a conquistar. Vegetamos, apenas vegetamos. Não é vida que se preze, nem futuro que valha a pena.

Nossa voz interior nos chama: temos de partir! É urgente! **Libertar-nos,** porém, de nossos antigos vícios requer **coragem e força de vontade**. Surgirão desânimos no caminho e nossos inimigos nos perseguirão. O medo e o pavor tomarão conta de nós e em nossa fraqueza clamaremos por socorro. E o Senhor nos ouvirá como ouviu a voz dos israelitas, desesperados, vendo os exércitos de faraó se aproximarem.

"Não temais!
Permanecei firmes e vereis a libertação que Javé realizará hoje em vosso favor" (Êx 14,13).

Com certeza, Deus nos protegerá em nossas aflições e adversidades se a Ele voltarmos nosso coração. Mas **nada acontecerá sem nossa participação**. Temos de nos pôr de pé e seguir caminhando. Mesmo que o deserto, um chão exultante e desconhecido nos aguarde, **temos de nos pôr de pé e caminhar**. Esta é a ordem que o Senhor ainda hoje nos dá:

"Ordena aos israelitas que se ponham a caminho" (Êx 14,15).

Cada um de nós tem seu próprio "**mar vermelho" para atravessar todo dia**. É a busca de um trabalho que nos desafia, cansados após tantas negativas recebidas. É um filho doente ou problemático que nos esgota a paciência, e o estresse nos ronda e nos prostra sem piedade.
É a falta de dinheiro para os estudos dos filhos, preocupação diária que nos aflige e angustia.
É a falta de saúde que nos impede de trabalhar, e as dívidas, mês a mês, avolumando-se.
Temos de atravessar esses mares! A terra em que estamos não é segura. É preciso que nosso "Moisés interior", **a força de Deus que mora em nós**, estenda sua mão e divida as

águas, rompa os problemas, derrube as barreiras e o chão seco, sem obstáculos, torne-se um caminho seguro para nós.

Com Deus venceremos. Somos seus romeiros, os peregrinos de Javé em terras do século XXI. Tanto quanto os israelitas, necessitamos da mão do senhor. Que ela nos conduza sempre! Que ela nos mantenha de cabeça erguida, caminhando sempre, mesmo com os pés cansados e vacilantes. Há uma luz à nossa frente a guiar nossos passos: **a luz da fé que nos atrai e impulsiona**.

Sim! Somos peregrinos,
eternos peregrinos de Deus.
Caminhar é preciso!

Prece para pedir coragem

Senhor,
preciso atravessar o "mar vermelho"
dos problemas e obstáculos da vida,
e tenho medo.

Medo de ser devorado
pelas águas revoltas das dificuldades,
dos compromissos inadiáveis,
das exigências da família,
dos filhos que precisam dos pais...

Sinto-me fraco, Senhor.
É demais para minhas pobres forças.

"Não temas!
Tem ânimo e verás a libertação",

dizes-me hoje pela boca de Moisés.
Ouço tuas palavras poderosas
ressoar em meus ouvidos
e meu coração se põe em pé,
pronto para seguir caminho.

Enche meu peito
de tua santa coragem
e meus passos jamais vacilarão.
Estende-me tua mão, Senhor,
e seguirei seguro.

Tua força me ampara,
tua palavra me fortalece.
Sou teu eterno peregrino, Senhor,
em busca de tua face,
hoje e sempre.

3 Palavras que nos fortalecem

O desânimo às vezes é tanto; a angústia é tamanha; o desespero é tão terrível que a única vontade que se tem é de morrer. Não temos mais forças, não temos alegria, não temos esperança: tudo escureceu em nosso coração.

São trevas de morte: morte psicológica e espiritual tomando conta de nós.

Uma **profunda depressão** nos prostra.

Perdemos, por completo, o sentido da vida e objetivo algum nos reanima. Nem cônjuge, nem filhos, nem nossa própria vida: nada é suficiente para nos erguer da prostração emocional. Estamos enfermos de alma e corpo: Apenas desejamos morrer.

Homens de Deus também desanimam. Seus profetas, como nós, fugiam (cf. 1Rs 19). Em nossa depressão, a morte nada mais seria que uma fuga. Criaria ainda mais problemas.

Tanto para nosso espírito quanto para os familiares, a "solução" encontrada apenas iria piorar o quadro já deteriorado.

O **medo**, nos dias de depressão, é outro inimigo fatal. Medo que se transforma em **pânico**, terrível e assustador. A **ansiedade** é tanta que o coração parece saltar pela garganta, pulsando freneticamente para nos manter vivos. *Forças para viver* é tudo o que buscamos. Coragem para enfrentar um inimigo que nos parece tão poderoso. É como se um exército nos atacasse, querendo devorar-nos.

"Fiquei somente eu, e procuram tirar-me a vida", queixava-se o profeta Elias, fugitivo, clamando por Deus (1Rs 19,10b).

E o Anjo do Senhor aproximou-se de Elias e o confortou:

"Levanta-te e come, porque o caminho é longo demais para ti" (1Rs 19,7).

Elias – você e eu, peregrinos de Deus do século XXI – "levantou-se, comeu e bebeu e, depois, com a força daquela comida, caminhou quarenta dias e quarenta noites" (1Rs 19,8). Andou **sempre**, sem parar, o tempo necessário para atingir seu objetivo: o monte Horeb, onde o Senhor o aguardava.

- E as **nossas metas e objetivos**, quais são? **Onde** o Senhor nos aguarda?

Você, que é depressivo, permita que as palavras de Deus o fortaleçam para o caminho da recuperação, o "monte" da cura que você precisa subir.

O Senhor aguarda você na pessoa de um terapeuta, de um psiquiatra, de um padre, de um pastor, de um amigo que lhe estende a mão e lhe diz a palavra salvadora:

"Levante-se!
Erga a cabeça!
Depressão tem cura!
Vamos! Saia desse poço!
Agora!"

E, no fim do túnel, uma luz se acende. Levantou-se Ele de sua prostração e caminhou.

Uma vida nova estava começando.

Prece da alegria de viver

Senhor,
já conheci o poder do desânimo,
o desalento da depressão,
os males da ansiedade e da fobia,
e hoje quero festejar contigo
a alegria de ter renascido.

Tu me destes forças para viver,
alimentaste meu espírito
com a presença dos teus anjos
e me levantei do derrotismo
em que havia sucumbido.

Hoje eu canto, Senhor,
a alegria de viver otimista,
saudável, próspero e feliz.
Sigo tua luz que me orientou
para atravessar o túnel da morte.

Sei que venci,
graças a teu poder
e a tua bênção generosa.

Obrigado, Senhor!
Canto a vitória da vida,
canto a alegria de viver.

4. Mãos erguidas ao céu: forças para vencer

É a **fé** que fortalece os passos de um peregrino. Ele tem um foco, uma direção, um endereço. É preciso chegar. Não importa quantos dias e quantas noites dure a caminhada: **é preciso chegar.**

Em tudo na vida é assim. Nenhuma conquista tem sabor de vitória se não for alcançada com esforço e perseverança. Pergunte a um medalhista de ouro quanto suor está impregnado nessa medalha que enfeita seu peito? Pergunte ao campeão que sobe ao pódio, se alguma vez desistiu de ver-se onde agora está? Pergunte a uma mãe, sorridente, com seu filho curado nos braços, se as noites maldormidas a desanimaram?

Forças para vencer é um segredo de fé. Só quem acredita de todo o coração e nessa crença põe toda a sua esperança, carrega a certeza da vitória em suas mãos.

Voltemos nosso olhar às páginas da Bíblia, trazendo aos nossos dias os ensinamentos que dela brotam. Vejamos no livro do Êxodo 17,8-13, o poder da oração – **movida pela fé** – capaz de vencer qualquer inimigo, dos tantos que em forma de problemas, dificuldades ou doenças hoje nos atacam ou afligem.

Enquanto Moisés orava ao Senhor **com as mãos erguidas ao céu,** seu exército vencia. Bastasse Moisés interromper sua prece baixando as mãos, e os inimigos triunfavam.

Moisés, porém, cansou. Seus braços, como os nossos, eram apenas humanos. Eles cansam, eles doem.

Aarão e Ur, seus amigos, fizeram-no sentar e sustentavam suas mãos, mantendo-as erguidas. E as mãos de Moisés

"assim suas se conservaram firmes até o pôr do sol" (Êx 17,12).

E Josué, como sabemos, derrotou os inimigos de Israel, triunfando pelo poder do Senhor.

Que espetáculo de solidariedade! Que maravilha de comprometimento! É a **fé partilhada,** transformando-se em **força** e **sustentáculo** para as fraquezas e cansaços da vida!

– Vez por outra somos como Moisés: necessitamos de alguém que erga nossos braços, vacilantes e inseguros, fatigados pelos inúmeros trabalhos, erga-os para que nossas mãos se levantem ao céu em oração.

– Cabe-nos também, como cristãos, o magnífico papel de Aarão e Ur: manter levantadas as mãos de quem ora e está exausto em sua fraqueza.

Estão cheias nossas casas, ruas e cidades de peregrinos da vida, cansados e abatidos pelos problemas que enfrentam.

- Quem os sustentará? Você?

Prece da solidariedade

Minhas mãos fraquejavam, Senhor,
cansadas, de tanto labutar,
cansadas de tanto erguer-se ao céu
em suplicante oração.

Um exército de problemas emocionais
queria derrotar-me,
não fossem as mãos amigas
dos irmãos na fé a socorrer-me.

Foi o milagre da solidariedade
que me salvou, Senhor.

E eu fiquei pensando
nos milhares de peregrinos
que vagueiam, cansados,
pelos caminhos deste mundo,
necessitados de alguém que segure

seus braços doloridos,
erguendo-os ao céu
em busca de forças
para derrotar os inimigos
que tentam invadir sua alma.

Faze-me, Senhor,
uma presença constante
ao lado dos desamparados da vida.
Quero erguer suas mãos,
para juntos, rezarmos a prece
da solidariedade e da vitória.

A fé nos sustenta,
o amor nos anima.
Obrigado, Senhor!

5 Água e pão nos desertos da vida

O povo hebreu peregrinava pelo deserto, e a sede e a fome começaram a maltratá-los. E a lembrança do Egito neles ressurgia. A tentação de voltar atrás, de desistir, de abandonar um caminho iniciado: novo, diferente, desafiador.

"*Era melhor servir aos egípcios do que morrer no deserto!*", reclamava o povo insatisfeito (Êx 14,12).

Mas *Moisés fê-los partir*. E Deus colocou-os à prova, conclamando-os a observar suas leis e seus preceitos (Êx 15,26). E eles ouviram e acolheram a voz do Senhor que os conduzia até Elim, "onde havia doze fontes de água e setenta palmeiras, e ali acamparam, junto às águas" (Êx 15,27).

Nos desertos da vida, há águas que também são "boas para o coração", dizia o Pequeno Príncipe, em sua encantadora filosofia.

"O que torna o deserto belo, é que ele esconde um poço em algum lugar" (Antoine de Saint Exupery).

E se ele esconde um poço, há esperança de encontrar água, nem que isso custe o esforço do braço para tirá-la das profundezas, após dias de cansativas caminhadas.

A fé faz brotar água até mesmo de uma rocha, se esse for o desafio que o Senhor nos propõe.

"Golpearás a rocha e dela jorrará água" (Êx 17,6).

Ordenou o Senhor a Moisés.

E assim se fez e assim saciaram sua sede.

E o **maná** brotava cada manhã no deserto e as **codornizes** lhes forneciam carne em abundância (cf. Êx 16).

"*'Ninguém guarde dele para a manhã seguinte'*, disse Moisés" (Êx 16,19).

Era a prova da fé. **Era preciso confiar no Senhor** de que Ele não abandonaria seu povo. E quem tivesse medo e quem fosse ganancioso, no outro dia via o pão apodrecido. Era preciso acordar, cada manhã, **com o compromisso de crer mais uma vez no Senhor** e recolher apenas o necessário.

E os nossos **supérfluos**, que fazemos com ele? Acumulamos tesouros, "onde a traça e a ferrugem os destroem" (Mt 6,19), ou somos capazes de partilhar do pouco ou muito que não necessitamos?

– Seria para muitos como água refrescante um donativo ou agasalho para o frio.

– Seria como um pedaço de pão a matar a fome se o pão fosse a mão amiga a reconfortar alguém em sua dor.

– Seria uma bênção caída do céu, um maná transformado em palavras de ânimo e conforto para os corações sofridos de tanto andar.

– Seria a solidão, povoada de presenças amigas, transformando os desertos da vida em oásis verdejantes.

Ah! Como eu sonho
com um mundo assim!
Você me ajuda a construí-lo?

Prece para a sede do coração

Uma estranha sede, Senhor,
abriga-se em meu peito.
De muitas maneiras tentei saciá-la,
mas foi tudo em vão.

Quanto mais desejo encontrar respostas,
quanto mais procuro uma água
que brote das rochas vivas
que se escondem em nossos desertos,
mais e mais essa sede misteriosa
me inquieta e me persegue.

– Será sede de Deus?
– Será sede do infinito
– Será saudade da Casa do Pai
donde um dia eu parti?

Parece, às vezes, um misto de nostalgia
como se a finitude me prendesse
num lugar que não é meu.
Planeta terra: casa de peregrinos,
casa dos buscadores de Deus.

Um dia, Senhor,
sei que vais saciar essa sede.
Sei que me aguardas
com as águas da vida.
Desde já
meu coração se alegra.
Estou a caminho...

6 Nossos anjos, nossos guias

As estradas de um peregrino estão repletas de perigo. É preciso acautelar-se constantemente para não sucumbir aos ataques do mal. Tarefa nada fácil para os incautos peregrinos que, vez por outra, somos. Caminhamos distraídos, e eis que a serpente do pessimismo nos ataca. A tentação do desânimo nos ronda, sentindo que nossos pés estão cansados e doídos. Há um longo caminho a percorrer e a noite ainda não chegou. O merecido descanso aguarda nosso corpo fatigado porque ele sabe que ao amanhecer recomeça a jornada. Mais um dia, mais uma bênção, mais uma oportunidade de ajudar na construção de um mundo melhor.

De tudo isso – dos perigos e cansaços – Deus é o primeiro a saber. Envia-nos, por isso, seus anjos para nos guiar, proteger e reanimar.

Os textos bíblicos estão repletos de passagens consoladoras:

"Vou enviar um anjo a tua frente, para te proteger na viagem e te conduzir ao lugar que te preparei. Respeita sua presença e segue sua voz" (Êx 23,20-21).

A bênção de Deus, porém, tem exigências. Se ouvirmos a voz do anjo e fizermos como nos pede, o Senhor "marchará conosco". As guerras, hoje, são outras. Há inimigos, em pele de ovelha, escondidos em cada esquina. Os traficantes de drogas são piores que os filisteus ou amorreus dos tempos de Israel no deserto. Até em nossa casa há inimigos infiltrados. A princípio, cativam-nos com suas vozes de sereia, mas sorrateiramente invadem nossa mente com mensagens que apregoam sexo, álcool e consumismo. A mídia é boa se houver um controle em nossas mãos. Ele pode mudar de canal ou desligar a TV. Há também coisas boas, e é preciso escolhê-las.

- Reze diariamente o salmo 91, amigo leitor, e os anjos se tornarão seus guias e guardiões. Nenhum mal atingirá você e sua casa, nenhum flagelo o surpreenderá.

"Pois ele dará ordem a seus anjos para te guardarem em todos os teus passos.

Em suas mãos te levarão para que teu pé não tropece nalguma pedra" (Sl 91,11-12).

E há tantas "pedras" em nossos caminhos! Nossos pés poderão ferir-se com facilidade, caso não nos mantivermos como sentinelas: **atentos, cuidadosos, sempre vigilantes**. Com Deus no coração, com o olhar confiante e os passos firmes, prosseguimos.

"*Eu o salvarei, porque ele me ama; Eu o exaltarei, porque conhece meu nome*" (Sl 91,14).

Siga, romeirocaminhante de Deus!
Seus anjos acompanham você.

Prece aos anjos protetores

Há muitos perigos, Senhor,
há muitas ciladas em meus caminhos.
Há pedras de tropeço,
há desânimos e inimigos
machucando meus pés de peregrino.

Mas é preciso caminhar...
Em meio aos flagelos que me rodeiam,
tua bênção segue a minha frente,
protegendo-me com teus anjos guias.

Envia-os, Senhor, *sempre*!
De dia e de noite me acompanhem
em minhas jornadas terrenas,
nas vicissitudes de minha alma,
nas fomes e sedes do coração
que tento desesperadamente aplacar.

Anjos de Deus, luz e amparo,
força e segurança em minha fraqueza,
eternas sentinelas do Altíssimo:

Guiai-me e protegei-me,
agora e sempre, amém!

7 Água em vinho: escassez em abundância

Pela primeira vez, nos textos evangélicos, ela, Maria, aparece ao lado de Jesus em sua vida pública. Num momento extremamente importante e significativo ela se manifesta: numa festa de casamento. Estaria ela, assim, abençoando de modo muito especial a **família**, o novo olhar dos noivos que estavam casando – e, neles, todos os lares do mundo –, pela presença ativa que demonstrou quando o vinho começou a faltar?

Sim, Maria estava lá. Como convidada, junto com seu filho Jesus e seus discípulos, alegrava-se com todos os que se divertiam nessa singela e humilde festa. Humilde, porque até o vinho que haviam providenciado era pouco. Quando a festa estava no auge da alegria, todos animados com os noivos e seus familiares, eis que o imprevisto acontece: o vinho estava acabando. Na época, como é hoje também, era um grande vexame para os noivos. E não tinha como repô-

-lo, como fazemos hoje em nossas festas. Era a "cerveja" deles que acabara, e a diversão perderia sua beleza, e a festa, seu brilho. Lamentável isso acontecer! Suas condições financeiras certamente não lhes permitiam maiores gastos. "Como diria o poeta, E agora,

O vinho acabou,
a alegria parou,
a festa esfriou,
e os noivos aflitos...
e agora, José?"

Ao olhar atento da mãe, porém, nada passava despercebido. Ela sofria com o constrangimento dos noivos, e era preciso agir. *"Eles não têm mais vinho"* (Jo 2,3), disse ela a seu filho Jesus como quem pede sua intervenção. E, como para a mãe nada se pode negar, ela sabia em seu íntimo que o milagre aconteceria.

"Minha hora ainda não chegou", respondeu-lhe Jesus (Jo 2,4).

Mas, era a mãe... e, por causa dela, até mesmo antecipar "sua hora" de manifestar seu poder seria possível.

"Fazei tudo o que ele vos disser", solicitou Maria aos serventes. Eis o poder da fé! *Fazer o que ele diz*, realizar a vontade de Deus em nossa vida. Esse é o convite, esse é o grande desafio.

Maria, aliás, foi **radical** em seu pedido. "Fazei *tudo*", sem questionar, sem duvidar, sem regatear. **Tudo** é simplesmente plena aceitação, entrega total, confiança absoluta. E isso requer fé, **muita fé**. Só ela é capaz disso, só ela transforma a água em vinho, a escassez em abundância. E que abundância!

Havia ali seis talhas de pedra, cabendo nelas, ao todo, uns 600 litros de água. Portanto: mais 600 litros de vinho para a festa. E vinho bom, bem melhor que o anterior na apreciação do chefe dos serventes (cf. Jo 2,9-10). Haja convidados! Haja vontade de beber!

"Manifestou sua glória, e seus discípulos começaram a crer nele" (Jo 2,11).

- E nossa escassez espiritual, como podemos transformá-la em "vinho bom", em abundância de Deus em nosso coração?
- Que nos dirá Maria, que obediência pedirá de nós, para que seu filho Jesus possa realizar o milagre em nós?

Prece para pedir prosperidade

Senhor,
nas bodas de Caná
transformaste a escassez em abundância,
a pobreza em prosperidade.

Tua palavra poderosa operou o milagre,
movida pela fé contagiante de Maria.

"Fazei tudo o que Ele vos disser."

E, mesmo não tendo chegado tua hora,
era impossível desmerecer
a solidariedade amorosa da Mãe.

Tua bênção, Senhor,
transforme também
minha escassez espiritual
em prosperidade radiante,
em atitudes de fé
que removam montanhas,
em amor compassivo e dinâmico
em favor dos necessitados.

E a prosperidade material, Senhor,
seja um resultado alegre
da fartura de bênçãos que derramas
em minhas mãos suplicantes.

Sinto-me feliz, Senhor,
pelo cuidado que tens por mim.
Farei tudo o que puder
para amar-te sempre mais.
Obrigado, Senhor!

❁ ❁ ❁

8 Há uma sede insaciável em nós

Os moradores desse pequeno planeta Terra são, no mínimo, estranhos. Se o Pequeno Príncipe estivesse no meio de nós, neste século XXI, ficaria extremamente impressionado com tudo o que acontece.

- Há rosas em abundância para enfeitar nossos lares e corações, e assim mesmo elas são incapazes de alegrar tantas pessoas insatisfeitas que vivem reclamando da vida, quando, como ele diz, "**uma** só rosa seria suficiente"...
- Há água em profusão, é um "planeta água" que habitamos, e as sedes dos corações persistem.
- "Quando um pouco d'água seria o suficiente para refrescar nossa alma", diria ele.

- Que a onda de consumismo invade nossa mente, pressionando-nos a comprar, comprar, comprar...

TER tornou-se o verbo do momento. E nossas sedes continuam...

No tempo de Jesus, isso também fazia parte do anseio de muitos corações. Nada conseguia satisfazer as buscas, as angústias, as incertezas que muita gente experimentava.

Um caso típico é a **samaritana**, aquela mulher da Samaria que veio buscar água no poço de Jacó e encontrou Jesus, sentado à beira do poço, pedindo-lhe água (cf. Jo 4,1-42). Muito estranho: um judeu pedindo água a uma samaritana.

Eles nem sequer se falavam. Era o momento da graça de Deus se realizando. Era o grande encontro que transformaria radicalmente a vida degradada daquela mulher.

Buscar água, todos os dias, sempre de novo... Que trabalho penoso, cansativo e enjoado! Mas tinha de ser feito. A sede não espera: ela exige água, seja como for.

E, de repente, ouvir aquele misterioso forasteiro dizer-lhe que tinha uma "água viva" que mataria para sempre sua sede... Era bom demais! Que alívio para seus pés e seus braços! Que alívio!

"Senhor, dá-me dessa água!" Diríamos nós também assim? Quantas sedes implacáveis se abrigam em nosso coração!

Com urgência precisamos encontrar a água desse poço misterioso! E ele existe. Maria nos leva até ele.

Para surpresa nossa vamos descobrir, então, que aquele Galileu – Jesus de Nazaré – não tem apenas "água viva" para nos dar. Mas também "um alimento que ainda nós não conhecemos".

"Meu alimento é fazer a vontade daquele que me enviou" (Jo 4,34).

"Mestre, come", pediam-lhe os discípulos. Coitados! Eram como nós... pobres em entender as coisas de Deus. Até que, aos poucos, sua mente e seu coração se abriram, começando a entender as palavras do Mestre.

E a samaritana correu, chamando familiares, amigos e vizinhos para conhecer o prodigioso profeta. Era a ordem que recebera: chamar seu marido, chamar tantos outros que encontrasse, trazendo-os para junto do Cristo.

- E nós, sentimo-nos chamados?
- E a quem chamamos, quando estradas e ruas estão cheias de sedentos e famintos?
- Onde estão essa "água viva" e esse "alimento" que saciam nossa sede e matam nossa fome de Deus?

Prece de um coração insatisfeito

Senhor,
quanto mais eu tenho,
mais meu coração deseja.
Que insaciável sede,
que fome que não se aplaca!

Por mais que meu corpo se alimente,
busque os prazeres mundanos
e as glórias que o mundo oferece,
meu vazio continua.

Ah! Já sei!
Há uma samaritana morando em mim.
Preciso encontrar, com ela,
a fonte da água viva
que jorra para a vida eterna.

Tu és, Senhor,
a água e o pão que meu espírito
ansiosamente procura.
Ele sonha, inquieto, com a paz do coração,
com a plenitude que a terra
não consegue lhe ofertar.

Tu sabes, Senhor,
do que estou falando...
Acolhe esta alma samaritana
que vive, angustiada, em mim.
Que tua graça me converta,
teu amor me plenifique.
E meu coração insatisfeito
repousará feliz em ti.

9 Transformando medos em coragem

Há inúmeros relatos bíblicos que apresentam o mestre desafiando seus medos e os medos de seus inseguros discípulos. Na verdade, eram rudes pescadores, pouco ou nada preparados para um Reino tão diferente.

Sonhavam com tronos e poderes, quando o distintivo do mestre era bem outro: *servir*. Encantavam-se com suas palavras e seus feitos e, com certeza, desejavam muito imitá-lo.

Foi o que aconteceu com Pedro: colérico, intempestuoso, aquele que agia e só depois pensava...

Se alguém pudesse fazer o que o mestre fazia, certamente era ele... Seu coração se inflamava de ardor pelo grande profeta. Largara tudo: as redes, a família, os amigos...

Enfim: bem que mereceria fazer milagres e proezas como Jesus fazia. Era o líder da turma e o mestre confiava nele.

E a esperada oportunidade chegou. Estavam lutando contra as águas revoltas que agitavam violentamente sua pequena barca.

O vento lhes era contrário e o mestre lhes ordenara passar para a outra margem do lago (cf. Mt 14,22-36).

Cansados de remar, gritavam de medo ao ver alguém se aproximar, altas horas da noite, caminhando sobre as águas.

– Um fantasma! Exclamaram atônitos.

– Tranquilizai-vos, sou eu, não tenham medo, disse-lhes Jesus.

E Pedro encheu-se de alegria e coragem, nem pensou duas vezes. Saiu da barca e pôs os pés na água, caminhando sobre as ondas. Que espetáculo! Que maravilha!

– Vem, disse-lhe Jesus, atendendo ao seu pedido de ir ao seu encontro.

E o Pedro, intrépido e fogoso, corre ao encontro do mestre, radiante de alegria.

No entanto, como em nossa vida, as ondas aumentaram, o vento investiu contra ele, e o medo se apoderou de Pedro. Estava prestes a afundar...

– Salva-me, Senhor!

– Salva-me!

Jesus estendeu-lhe a mão, segurou-o, repreendendo-o de certa forma ao dizer-lhe:

"Homem de pouca fé, por que duvidaste?"

- Por que duvidamos, quando os ventos da vida se encrespam e sopram contrários?
- Por que duvidamos, quando estamos no caminho certo e nossos passos seguem firmes, sobre as águas revoltas da vida?
- Homens de pouca fé! Mulheres de pouca fé! Por que duvidais?

Peçamos que o Cristo nos estenda a mão.

Se for preciso socorrer-nos, peçamos que o Senhor o faça. Afundar nunca. Jamais podemos afundar diante das adversidades! **Nossa fé é nossa segurança.** Com ela, nossos passos de peregrinos se fortalecem e nossos medos se transformam em vitórias.

– **Coragem!**
– **Eu venci o mundo!** (Jo 16,33b)

Prece para pedir coragem e fé

Senhor,
como o apóstolo Pedro
tenho muitas vezes vontade de gritar:
Salva-me!
Salva-me das águas revoltas da vida!
Salva-me das dúvidas e incertezas,
que ameaçam afundar meu barco!

Estende-me tua mão, Senhor,
e aumenta minha pobre fé!
Preciso de coragem
preciso de ousadia,
preciso de firmeza:
minhas decisões e minha segurança
deposito em tuas mãos amigas.

Ensina-me a confiar em mim,
a acreditar nas imensas capacidades
escondidas em meu coração.

Há tantos que esperam
por um gesto de amor,
uma palavra de ânimo,
um ato de fé partilhado.

Sinto que posso ajudá-los
ao quebrar os medos do egoísmo,
ao vencer a apatia da acomodação,
ao deixar que a **coragem da fé**
rompa meus grilhões.

Estende-me a tua mão, Senhor,
e aumenta minha pobre fé!

10 Sua palavra ilumina nossas lutas

Imagine o tamanho do cansaço e do desânimo de uma equipe de pescadores – profissionais! – tentando em vão, a noite inteira, retirar algum peixe de suas redes... e nada, nada capturaram.

Afeitos à lide, conheciam perfeitamente aquelas águas, com toda perspicácia que se exige de um pescador. Sabiam onde e quando era possível apanhar peixes. E, naquela noite, todas as tentativas resultaram em fracasso. Estavam frustrados, decepcionados com a escassez de peixes.

Vem, então, o mestre – que nem pescador era e certamente pouco ou nada entendia daquela profissão –, vem o mestre e pede que joguem suas redes ao mar para a pesca.

– E adianta o quê? – Poderia questioná-lo o profundo conhecedor Simão dessa difícil tarefa.

– É tempo perdido, poderiam dizer Tiago e João, companheiros de pesca de Simão (Lc 5,1-11).

No entanto, sua reação foi totalmente outra.

– **Acolheram a palavra do Mestre**, que era como uma ordem, uma promessa de abundância. Sua palavra era luz a iluminar suas lutas. Afinal, sozinhos, nada haviam conseguido.

Adiantou-se Simão e, em nome de seus amigos, respondeu-lhe:

"Mestre, nós nos cansamos a noite toda e nada apanhamos, mas, em atenção a tua palavra, lançarei as redes" (Lc 5,5).

E fez-se o milagre! O imprevisível aconteceu!

As redes ficaram repletas de peixes, tantos que elas quase se rompiam. Maravilhados, os pescadores ficaram atônitos diante dessa pesca milagrosa.

Nunca haviam presenciado algo igual.

Este homem realmente era um grande e poderoso profeta.

"Depois de levarem as barcas para a terra, abandonaram tudo e o seguiram" (Lc 5,11).

- É também essa nossa atitude de discípulos?
- Desapego total diante de nossas convicções pessoais, capazes de entregar-nos de todo coração a Deus, confiantes apenas em sua palavra?

Para que em nós o imprevisível aconteça; para que o milagre de nossa conversão radical se manifeste; para que a bênção

divina transforme nossas lutas em colheitas
prósperas e abundantes;
para que a palavra do Senhor ilumine
diariamente nossos passos,
eis o que o Mestre ordena:
– Ponha-se a caminho!
Vá! No mar da vida,
minha palavra é sua luz.
Lance a rede!

PRECE PARA ILUMINAR A VIDA

Senhor,
sinto-me, vez por outra, perdido
como um pescador em alto mar.
Sem nada apanhar, as redes vazias,
o barco à deriva,
cansaço e desânimo, prostração total:
e o Senhor convidando-me
a lançar as redes para a pesca.

"Mais uma vez em vão,
tempo perdido",
pensa meu coração aflito.

Já tentei tantas vezes, Senhor,
e não consegui resolver meus problemas,
por que tentaria outra vez
sabendo que vou fracassar de novo?
Tua palavra, porém, é a luz
que ilumina minhas lutas.
Quero acolhê-la, Senhor,

para que as redes da minha vida
se encham de peixes em abundância.

Saberei, então, como agir,
como me prover de amor e sabedoria,
como trilhar os caminhos da Luz.

E tudo o que me amarra
deixarei para seguir teus passos.
Em todos os caminhos que trilhares,
leva-me contigo, Senhor,
hoje e sempre.

11 "A quem iríamos, Senhor?"

Dúvidas, incertezas, conflitos: quem ainda não os teve? Estamos ou não no caminho certo? É duro demais prosseguir. Cansamos, e nossos pés estão doendo. Afinal, somos apenas frágeis e pobres peregrinos. A tentação da desistência ronda nossos passos.

- E se não fosse verdade tudo que a Igreja nos diz?
- E se a fé não passasse de ilusão e tudo fosse uma bela utopia?
- E se não fosse preciso tanta oração, tanto sacrifício, tanta abnegação?
- E se a verdade estivesse em outro caminho?

É assim que os apóstolos de Jesus andavam. Era muito radical o profeta!

Murmuravam contra ele, insatisfeitos com suas exigências. "Largar tudo", por que *tudo*? Não poderia ser menos intransigente e contornar um pouco a situação?

Sabendo o Senhor que murmuravam contra ele e que muitos já haviam se retirado (cf. Jo 6,66), Jesus questionou seus apóstolos, os doze que mais de perto seguiam seu passos:

"Quereis vós também vos retirar?"

Talvez jamais esperassem uma pergunta radical e dura como essa. E se eles também o abandonassem?

Como ficaria o Mestre, sem seus apóstolos?

Estavam sendo desafiados, sem chance de fugir. "Era pegar ou largar", como diria a voz do povo.

Era **sim** ou **não**, sem meio-termo. Aliás, meio-termo o Mestre detestava. Muito bem sabiam disso e teriam que se posicionar.

Simão Pedro adiantou-se, em nome do grupo, declarando sua fé e sua adesão aos projetos do novo Reino:

"Senhor, a quem iremos?
Tu tens palavras de vida eterna;
e nós acreditamos e sabemos
que és o Santo de Deus" (Jo 6,68).

Belíssima confissão de fé! Pública e radical, dirimindo as dúvidas, as incertezas e os conflitos que dividiam seus corações.

Também nós, diariamente, somos desafiados pelos apelos do mundo, pelas drogas, pelo sexo desenfreado, pelo consumismo, pelos mais diversos "profetas" que se dizem enviados de Deus...

E como procedemos?

Com o descontentamento de muitos ou com a coragem de Pedro?

Como firmamos nossa fé, frágeis discípulos que somos, ansiosos por encontrar Deus?

Sigamos, amigo leitor!
Estamos no caminho certo.
Em qualquer esquina da vida,
Deus nos aguarda.
Sigamos!

Prece de quem busca a verdade

Senhor,
no meio das dúvidas e incertezas,
no meio das descrenças e conflitos,
procuro ansiosamente tua face.

Meus pés de peregrino estão cansados
e meu coração se inquieta
querendo encontrar o Caminho,
a Verdade e a Vida, que tu és, Senhor.

A tentação do desânimo, porém,
me aflige e atormenta,
querendo que eu desista
de tantas buscas sem resposta.

"Senhor, a quem iremos?",
perguntavam os apóstolos perplexos.

"A quem irei, senão for a ti?",
pergunta meu coração angustiado.

"Só tu tens palavras de Vida Eterna",
professou Pedro sua fé
e eu professo com ele a minha.

Eu busco tua face, Senhor,
não desvieis de mim teu olhar.
Minha alma tem fome e sede de ti,
sacia-me, por favor,
sacia-me, Senhor!

12 "Aumenta-nos a fé, Senhor"

Em meio às dificuldades e controvérsias da vida, muitas vezes nossa fé é questionada e até mesmo drasticamente abalada. As exigências para o seguimento do mestre são radicais. Desapego, renúncia, honestidade, perdão... exigências duras demais para frágeis corações como os dos apóstolos ou frágeis como os nossos.

"Aumenta nossa fé" (Lc 17,5), pediam suplicantes os apóstolos.

Impossível aderir aos compromissos desse novo Reino, com a fé vacilante, pobre, insegura, que oscilava em seus corações.

Eram grandes demais os desafios que o Mestre lhes impunha!

Suas forças eram incapazes de dizer um SIM que não mais admitisse dúvidas ou retrocessos.

Fraca por demais era sua fé!

Teria de **aumentar, fortalecer-se**, tornar--se **lúcida** e **decidida**, capaz de entregar-se de corpo e alma ao novo projeto.

Muitos dos apóstolos – quem sabe muitos de nós – eram semelhantes a Tomé. Seu paradigma de vida – o jeito próprio de encarar os fatos – era bem pragmático e definido. **Se visse, acreditava.** Sua crença baseava-se no que via, no que fosse palpável: VER para CRER.

Foi assim, mesmo após a ressurreição de Jesus. Se não visse a marca dos pregos em suas mãos e o sinal da lança que lhe perfurara o peito, não acreditaria no Mestre ressuscitado (Jo 20,24-29).

Até que Jesus sacudiu sua postura de incrédulo, desafiando-o a colocar a mão em suas mãos, tocando também seu lado perfurado pela lança.

"*Meu Senhor e meu Deus!*", teria exclamado Tomé.

"*Tomé, tu creste porque me viste; felizes aqueles que não viram e creram!*" (Jo 20,29).

– CRER, **principalmente crer**, para que o milagre possa realizar-se.

– CRER, porque a fé é a força divina em nós, capaz de remover qualquer montanha (Mc 11,22ss.), tenha ela o nome que tiver, seja do tamanho que for.

– CRER, porque a fé aciona o coração a perseguir nossos sonhos, transformando-os em realidade em nosso dia a dia.

– CRER, porque a fé nos faz vislumbrar a vitória sobre nossos males, levando-nos a encontrar Deus em meio aos mais tortuosos caminhos da vida.

– CRER, porque a fé produz abundância, saúde e alegria, capacitando-nos a viver felizes,mesmo que o cansaço nos prostre e as dificuldades nos assolem.

Este é, pois, o **novo paradigma**, a **nova crença** que Jesus propõe:

Antes de tudo e **acima** de tudo, CRER.

PRECE PARA AUMENTAR A FÉ

Senhor,
meus pés, muitas vezes,
são fracos e vacilantes,
frágeis e inseguros
diante das inúmeras exigências
que o teu chamado propõe.

Teria que vacilar menos,
acreditar convictamente em tuas palavras,
como se nada pudesse colocá-las
em dúvida qualquer.

No entanto, Senhor,
minha fé ainda é pobre
como a de Tomé.
Preciso ainda "ver para crer".

Quero provas que as mãos toquem,
que os olhos vejam,
que o corpo sinta.

Aumenta, Senhor, minha fé!
Preciso romper as barreiras
da dúvida e da descrença.

Quisera jogar-me em teus braços
como um Tomé arrependido.
Quisera reconhecer teu olhar amigo
em meus olhos descrentes
e exclamar de coração confiante:

"Meu Senhor e meu Deus!"
Só a ti eu quero,
só em ti eu creio.

❁ ❁ ❁

13. "Vai! Tua fé te salvou!"

Inúmeros são os textos bíblicos que nos relatam o poder da fé. Com ela, tudo é possível. Sem ela, nada de extraordinário acontece. Tanto que Jesus era "impedido" de realizar milagres em sua terra natal, "porque não tinham fé" (Mt 13,58).

Vejamos agora como ocorreu a cura de um cego, na cidade de Jericó. Hoje, de alguma forma – nas muitas cegueiras que nos restringem – este cego, Bartimeu, poderia ter nosso nome e nosso endereço. A Jericó de hoje é nosso bairro, nossa vila, nossa capital, sertão ou campanha. Quem fomos e onde moramos, é lá que Deus nos encontra, se o procuramos de coração sincero.

Bartimeu **"estava sentado à beira do caminho"** (Mc 10,46-52).

– Desânimo ou cansaço?

– Acomodação ou tristeza?

"Sentado ninguém chega a lugar algum."

"Mendigando, é impossível sair da miséria."

Bartimeu estagnara na vida. Não havia, para ele, recursos médicos. Jamais veria a luz do dia iluminar seus olhos. Jamais sairia desse triste e miserável estado, a não ser que um milagre lhe recobrasse a vista.

E ele ouvira falar do grande profeta que arrastava multidões e a quem curar era fácil, se o pedinte tivesse fé.

"Sabendo que era Jesus de Nazaré que estava passando, começou a gritar: – Jesus, Filho de Davi, tem compaixão de mim!"

E quanto mais o povo o repreendesse para calar-se, mais ele gritava. Jesus então parou e pediu que o chamassem.

Antes, porém, de poder caminhar ao encontro de Jesus – o que tanto seu coração desejava – teve de se desfazer da antiga "capa" que o cobria. A capa da inércia, do conformismo, da falta de coragem de superar seus limites. Era preciso "levantar-se", sair desse estado de vítima, de pobre mendigo, de cego relegado, prostrar-se aos pés do Senhor, num ato supremo de fé:

"Mestre, que eu veja!"

– Que eu **veja** meu estado de miséria física e espiritual.

– Que eu **veja** que, "sentado à beira do caminho, mendigando", jamais serei uma pessoa feliz.

– Que eu **veja** novas possibilidades, caminhos de superação que me esperam e diariamente me desafiam.

"Vai, a tua fé te salvou".

E, no mesmo instante, seus olhos se abriram. **E ele viu.** Viu a glória do Senhor se realizando em sua vida. Viu o momento da graça acontecendo. E seu coração se abriu para Deus, encheu-se de luz, de força e superação. **"Seguindo Jesus pelo caminho",** aderiu ao novo projeto, ao novo Reino que era anunciado.

– E você, leitor amigo, que milagre deseja?

– E a fé, **existe a fé necessária** para que ele aconteça?

PRECE PARA PEDIR A VISÃO INTERIOR

Senhor,
percebo que, às vezes, eu ando cansado,
meio triste e desanimado
como aquele cego de Jericó.
Sentado à beira da estrada,
mendigando os favores alheios,
sinto-me incapaz de evoluir,
estagnado em minha cegueira espiritual.

"Mestre, que eu veja!"

Que eu veja, Senhor,
tua presença em cada caminho,
em cada oportunidade que a vida
generosamente me oferece.
Que os olhos do espírito
se abram sempre mais, Senhor,
e eu veja com o coração
a manifestação do invisível.

Que eu ouça, feliz,
tua voz redentora a curar-me,
abrindo minha visão interior
para ver tuas maravilhas:

"Vai, a tua fé te salvou!"

14. A fé que supera a morte

Não há morte que a fé não possa superar. E quantas, quantas mortes existem!

Mortes da alma, tomada pela depressão, pelo ódio, pelo pecado, pela falta de fé numa possível ressurreição.

Mortes da mente, tomada pelo pessimismo, pelo desânimo, pela falta de entusiasmo pela vida, incapaz de vislumbrar uma saída em meio aos labirintos da existência.

Mortes do corpo, cadáveres ambulantes deteriorando-se em meio à droga, ao álcool, à prostituição, prostrados pela doença em que o vício os algemou.

– Lázaro havia morrido.

Fazia quatro dias que acontecera sua morte e Jesus estivera longe, distante de Betânia onde seu amigo morava. Soubera de sua enfermidade, sem, no entanto, apurar-se para retornar a curar Lázaro, que tanto ele amava.

"Então Jesus lhes disse abertamente: Lázaro morreu. E, por vossa causa, alegro-me por não ter estado lá, para que vós creiais." (Jo 11,14-15).

Marta, irmã de Lázaro, mais descrente que sua outra irmã, Maria, pouca esperança tinha, mesmo sabendo dos milagres do Mestre. A tristeza e a luta haviam invadido sua alma e ela estava conformada, sabendo que nada mais poderia ser feito.

"Teu irmão ressuscitará", disse-lhe o mestre. Sim, "na ressurreição, no último dia", quando todos ressurgiremos. Agora... agora não, "já está cheirando mal, pois já faz quatro dias..."

"Não te falei que, se acreditares, verás a glória de Deus?"

A pedido de Jesus, tiraram a pedra do sepulcro. Tanto o Senhor o amava, que se pôs a chorar, tomado de emoção. E aflorou, então, o poder de sua fé. O poder da ilimitada confiança que depositava em seu pai. Agradeceu, entre lágrimas, convicto de que seu Pai sempre o ouvia.

A fé exclui qualquer dúvida. Só a fé verdadeira agradece **antes** de o milagre acontecer. **A fé sabe,** porque ela mesma é a certeza do impossível.

–**"Lázaro, vem para fora!"**

E quem estava morto, reviveu. A vida retornou-lhe ao corpo, porque a alma de Lázaro atendeu ao chamado do Mestre.

As faixas que o prendiam foram soltas, o sudário que lhe encobria o rosto foi tirado e Lázaro voltou à liberdade.

"Desligai-o e deixe-o ir", fora a ordem do Mestre.

– E as "faixas" que nos prendem, quais são elas?

Traumas do passado, mágoas, medos, raivas...

Que "faixas" prendem você, amigo leitor?

– Um "sudário" lhe encobria o rosto...

Uma "venda" que nos impede de ver as coisas de Deus, que nome tem essa "venda" que nos cega? É o materialismo, é a ganância, a cobiça, a inveja?

Arrancar nossas vendas, desligar nossas faixas: eis a ordem do Mestre.

– Estamos dispostos a fazê-la?

Prece da Ressurreição

Há muitas coisas, Senhor,
que me prendem,
que me amarram,
que me aprisionam,
como se estivesse espiritualmente morto.
Sinto-me, às vezes, como Lázaro,
precisando urgentemente de ressurreição.

Tua palavra poderosa, Senhor,
só a tua palavra poderá romper
os laços da morte que me envolvem.
Pronuncia sobre mim
teu espírito vivificador
que tudo regenera e transforma:

"Vem para fora!"
Ordena-me tua voz milagrosa.

São **mágoas** que me prendem,
são **traumas** que me afligem,
são **medos** que me paralisam.

Arranca dos meus olhos, Senhor,
a venda que me cega
às coisas de Deus.
Destrói a ganância, a cobiça,
elimina a inveja e o orgulho.

Ressuscita-me, Senhor,
para uma vida nova em tua luz.
E serei livre para seguir-te
por onde teus passos me levarem.
Ressuscita-me, Senhor!

15. "Quem pecou: seus pais ou ele?"

Nos caminhos da vida, muitos são as tentações de um caminhante. Uma delas, tão antiga quanto Adão e Eva (cf. Gn 3,11-13), tenta eximir-se da culpa, jogando a responsabilidade sobre os outros. Inocentar-se, nem que isso custe culpabilizar quem não o merece, é próprio da natureza humana.

Encontrar um responsável pelo mal – quem me enganou, quem me induziu, quem me empurrou para o abismo – é pelo menos consolador. É bem melhor esquivar-se do que assumir a responsabilidade, sugere-nos a armadilha que o inconsciente prepara.

E como é fácil cair nela! Bem mais fácil do que se imagina...

É o caso do *cego de nascença* que mereceu a atenção e o milagre de Jesus: "*Mestre, quem pecou, ele ou seus pais, para ele nascer cego?*" (cf. Jo 9,1-41).

Seria mais leve para o cego se a culpa fosse de seus pais. Afinal, ele seria apenas um coitado, uma pobre vítima do destino, já que seus pais pecaram e ele, apenas, herdara a maldição deles...

Triste consequência, isso sim, não estaria nele a causa, a culpa original dessa anomalia física?

– E se isso fosse um desafio que sua alma deveria vencer?

– E se fosse uma lição da escola da vida a ser aprendida e amorizada ao longo dos anos?

"Nem este pecou, nem seus pais", enfatizou Jesus. É necessário que nele se manifeste o milagre da cura, da cegueira transformada em visão, para que o povo cresse no enviado de Deus.

É importante notar aqui que Jesus exige – e isso vale ainda hoje! – **nossa fé e nossa participação como condição indispensável para o milagre.**

Deus realiza por meio de nós, nunca sem nossa adesão e nosso comprometimento. E foi exatamente assim que o Mestre agira.

"Cuspiu no chão, fez lama com a saliva; em seguida aplicou a lama sobre os olhos do cego e disse-lhe: – Vai e lava-te na piscina de Siloé" (Jo 9,6-7).

Era preciso **crer**. Era preciso **participar**. E foi exatamente isso que o cego fez: lavou-se nas águas de Siloé e voltou a enxergar.

De que **cegueira** precisamos curar-nos?

Onde estão **"as águas da fé"**:
em Lourdes, em Aparecida,
na grutinha de sua igreja,
em seu próprio coração de crente?

Vai, romeiro de Deus!
Põe-te a caminho!
Lava teus olhos
nas águas da fé!
E verás a Glória de Deus
manifestando-se em ti.
Vai!

Prece de perdão

Há muitos pecados, Senhor,
em mim e nos outros
que precisam ser perdoados.

Falhas de caráter,
deficiências no amor,
irresponsabilidades morais ou afetivas.

Tudo que obscurece
o brilho do sol interior,
tudo necessita de perdão.

Que eu aprenda, Senhor,
a aceitar-me como sou,
a perdoar-me das culpas
que macularam minha vida.

Que eu saiba também, Senhor,
perdoar intrigas e ofensas,
fofocas ou maledicências
que outros fizeram de mim.

Que o amor me ilumine
qual farol seguro a guiar meu barco,
e assim eu possa redimir-me
de todo e qualquer pecado.

Sinto-me perdoado, Senhor,
por tua grande misericórdia.
Perdoa-me
e aos outros perdoo.
Quero a paz,
somente a paz morando
em meu coração.

16 Dez curados, um agradecido

A **gratidão** é uma das virtudes mais apreciadas pelo coração humano. Não apenas "humano", mas pelo próprio coração de Deus.

Louvar e agradecer, antes mesmo de pedir, colocam o ser humano em adoração, em contemplação, do maravilhoso com que Deus adornou toda a sua criação. A mão do Senhor encheu o universo de beleza, resplandeceu sua luz sobre a face da terra e das galáxias sem fim. Nossos olhos, agradecidos, extasiam-se com a exuberância da natureza, com o sol que brilha a cada manhã, com a água que refresca nossa sede, com o pão que mata nossa fome.

Leprosos, no tempo de Jesus, eram pessoas excluídas, impuras, intocáveis. Tinham de se manter à margem, distantes da sociedade. Relegados à solidão e ao esquecimento, estavam sujeitos à fome e à morte.

E Jesus deparou-se um dia com um grupo de dez. A miséria e a doença os uniam, destinados que estavam ao mesmo desterro.

A dor e o exílio os tornavam irmãos.

De longe – era proibido aproximar-se – gritavam por socorro:

"Jesus, Mestre, tem piedade de nós!" (Lc 17,1-19).

E, nesse momento, a psicologia de Jesus se manifestava novamente. Poderia, sim, curá-los, sem esforço algum. Era preciso, porém, que eles cressem e participassem da cura.

"Ide apresentar-vos aos sacerdotes."

Era essa a condição de quem se recompensasse. O sacerdote do templo atestava sua cura, liberando-o para o convívio com seus familiares e amigos, com a sociedade onde estivera antes inserido.

"Enquanto iam, ficaram curados."

Nem fora preciso chegar até o sacerdote. Haviam acreditado, obedecido às palavras do Mestre. Sabiam que a exigência de Lei era essa e não discutiriam. Foram para apresentar-se no templo e, de repente, viram-se curados. Sua pele renovada, limpa, absolutamente curada.

Você, amigo leitor, é capaz de imaginar-se vivendo uma situação assim?

Nosso coração iria acelerar, quase que "explodir" de alegria?

As lágrimas iriam regar nossas faces e os gritos de júbilo iriam ecoar, agradecidos, aos quatro cantos da terra?

Qual seria nossa reação?

Ficaríamos imóveis, estáticos, em estado de choque, ou correríamos aos pés da Santa ou da Cruz, exclamando e chorando de emoção?

Um deles, **apenas um**, voltou para agradecer. Os outros nove, onde estão? Se este **um** for você, ouça as palavras do Mestre: **"Levante-se e vá! Sua fé o salvou!"**

Prece de gratidão

Senhor,
tenho muito a louvar,
tenho muito a agradecer.
Quantas e quantas vezes
fui agraciado pelo teu amor
e esqueci de ser grato.
Como os nove leprosos curados,
segui meu caminho
sem me lembrar de agradecer
tua bênção diária,
a vida que palpita em meu peito,
a luz que brilha em meus olhos.
Apenas UM voltou, de coração feliz,
prostrando-se aos pés do Mestre,
cheio de alegria e gratidão
por saber-se curado.

"Levanta-te e vai!
Tua fé te salvou!"

– Seria *eu*, o único dos dez, a voltar agradecido?
– Seria *eu* a reconhecer constantemente os benefícios
que o Senhor da Vida me proporciona com tanta generosidade?

"Louvado sejas, meu Senhor,
pelo sol e pela lua,
pelas estrelas no firmamento."
Louvado sejas, agora e sempre!

❁ ❁ ❁

17 As tempestades da vida se acalmam

Quem dera tivéssemos nós uma varinha mágica que acalmasse as tempestades de nossa vida e silenciasse os ventos impetuosos que tentam nos destruir! Quem dera que uma ordem nossa fosse capaz de repor a harmonia em meio à confusão que agita, vez por outra, nossa vida! Quem dera – como Ele o fez – estender nossa mão e "a fúria das águas" revoltas e traiçoeiras obedecer-nos prontamente! Quem dera...

Se lermos com clareza a passagem bíblica da "tempestade apaziguada" (Lc 8,22-25), saberemos que esse **maravilhoso poder**, que tanto procuramos, **existe** e está ao nosso alcance. Ele tem **um** nome apenas: **fé**. E Jesus foi absolutamente claro ao questionar os apóstolos, apavorados diante da iminência de verem sua barca afundar. **"Onde está vossa fé?"**

Foi, em nome dela, que ele, ao levantar-se, *"deu ordem ao vento e à fúria da água, que se acalmaram, voltando a tranquilidade"* (Lc 8,24b). Tanta era sua confiança no poder do Pai que nada o abalava. Em meio à tempestade, dormia, cansado de tantas caminhadas, pregações e atendimentos ao povo sofrido que o procurava.

"Mestre! Mestre! Estamos perdidos!"

Quem não sentiu ainda esse grito entalado na garganta, quando "as águas do mar da vida" se encrespam e tentam afundar nossa frágil embarcação?

– São **doenças inesperadas** que nos acontecem e prostram, ameaçando tirar-nos a vida.

– São **mortes trágicas** de entes queridos, arrancando-os súbita e violentamente de nossos dias serenos, em que a vida, aparentemente, transcorreria em paz.

– É a **notícia terrível** de um **filho** drogado que nos tira o sono e transforma nossos dias em constante tormento.

É hora de agarrar-nos em Deus. De nele colocar, de forma irrestrita, nossa total confiança. Hora de assumir – pela força da fé – o comando sobre os ventos e as tempestades da vida e direcionar nosso barco para um porto seguro que nos aguarda.

- Onde está sua fé, amigo leitor?
- Vacilar... Por que vacilar tanto, se a **fé é garantia de vitória**?
- Desesperar-se, por quê? Se em nosso barco está Jesus, se em sua companhia vivemos, por que haveríamos de afundar?

Nele e com Ele estamos salvos.
Sigamos!

PRECE EM MEIO ÀS TEMPESTADES DA VIDA

Quem dera, Senhor,
que as tempestades da vida
prontamente se acalmassem
ao maravilhoso poder da fé!

Quem dera que as doenças curassem,
que os males sumissem,
que as dificuldades rareassem
ao toque mágico
de tua poderosa mão!

Quem dera...
Sonhamos todos, e eu sonho
estender minhas mãos
e dirimir incertezas e dúvidas,
acalmar as intempéries
e sossegar os ventos traiçoeiros.

Sinto-me, porém, frágil e pobre
diante das adversidades da vida.

Falta-me ainda, Senhor,
uma fé mais robusta,
mais sólida e confiante.

Fé que remova montanhas
e acalme as águas mais revoltas.
Quem dera, Senhor...
Sim! Estou a caminho!
Sei que eu chego lá!

❁ ❁ ❁

18. Mãos secas ou mãos fraternas?

Nossa reflexão hoje tem muito a ver com situações diárias da vida. No tempo de Jesus, os escribas e fariseus elaboraram uma porção de leis que, em vez de ajudar, escravizavam o homem, a ponto de a lei valer mais que a própria pessoa. A lei é boa e tem razão de ser se ela ajuda a proteger, orientar e facilitar a vida dos homens. Ela regula o convívio, organiza o trânsito, estabelece limites, elucida os direitos e deveres dos cidadãos, sem contudo aprisioná-los em seu emaranhado de posições.

O respeito ao sábado era tão intransigente, no dizer dos escribas, que nem mesmo curar uma pessoa era permitido.

Nem o **bem** poderia ser feito? Questionavam Jesus seus adversários. **Salvar alguém**, até isso a lei proibia? Que lei era essa que se colocava acima do bem-estar das pessoas?

"Num outro sábado, Jesus entrou na sinagoga e se pôs a ensinar" (cf. Lc 6,6-11).

No meio do povo havia um homem necessitado de ajuda. Sua fé, quem sabe, o levará até lá, na esperança de que o Mestre o curasse. E Jesus, conhecedor até mesmo dos pensamentos dos homens, sabia do seu desejo de cura. Afinal, sua mão direita estava seca, sem vida. Não mais poderia estendê-la para ninguém, não mais poderia partilhar fraternalmente com os outros nem realizar seus trabalhos com perfeição.

"Levanta-te e fica em pé aqui no meio", pediu-lhe Jesus.

Repare bem, amigo: *levantar-se* é pôr em ação o poder da fé. Sentados, deitados, prostrados pelo desânimo, não chegaremos a lugar algum.

"Pôr-se em pé": dispor-se a caminhar, tomar uma atitude de sentinela, de quem aguarda uma ordem para executá-la.

"Estende a mão", disse-lhe o Mestre.

E a obediência da fé restabeleceu a saúde àquela mão seca.

Ele estava em pé, no **meio** do povo, **incluído** a sua gente.

Não mais à margem, sofrendo o preconceito de ser diferente, defeituoso, excluído do convívio fraterno, como se fosse um inútil.

– Olhe para suas mãos, amigo. Estão "secas", endurecidas pelo egoísmo, pela posse desmesurada de bens materiais?

– Suas mãos, ao contrário, estão cheias de vida, de amor para dar, fraternas, em comunhão permanente com os outros?

– Pare e analise. Estenda suas mãos na direção do Mestre Jesus e elas terão vida.

– A vida que Ele quer para todos.

Prece das mãos fraternas

Eu sei bem, Senhor,
que existem, na vida, mãos secas
e mãos saudáveis, fraternas.
Aquelas que se prendem no egoísmo
– incapazes de se estender ao próximo –
e as mãos generosas e altruístas,
sempre prontas para amparar
prontas para partilhar,
prontas para dar amor.

Quisera, Senhor, que minhas mãos
diariamente fossem assim:
meigas e fortes,
fraternas e compassivas,
prontas para ajudar.

Quero aceitar teu convite, Senhor,
colocando-me em pé – disponível –,
integrando-me à vida social,
capaz de sair de toda exclusão,
pobreza psicológica e espiritual.

"*Vem ao meio*",
insiste tua voz.
Eis-me, enfim, Senhor,
pronto para servir,
pronto para amar,
pronto para difundir teu Reino.

❁ ❁ ❁

19 Pão para nossas fomes

O Mestre, além de ser **divino**, Filho Eterno do Pai, era extremamente **humano**. Conhecia, como ninguém, o sofrimento do povo e se compadecia da multidão faminta e sedenta que o seguia, dias a fio. Estavam agora os apóstolos num lugar deserto e a noite se aproximava. A solução mais simples – na qual os apóstolos logo pensaram – seria despedir o povo. Que procurassem alimento e hospedagem pela vizinhança. Afinal, era problema deles estarem aí, e não caberia a Jesus ou aos apóstolos resolver a questão.

Jesus, porém, pensava diferente. Tinha olhos de compaixão e seu coração lhe inspirava cuidados com esse povo sofrido.

"Dai-lhes vós mesmos de comer."

Nós? Não temos provisões conosco nem para nosso grupo! "*Cinco pães e dois peixes*", é tudo o que temos.

Uma migalha, uma simples migalha para alguns deles.

E "eram quase cinco mil homens"...

Organizados em grupos, sentaram-se todos, enquanto o Mestre abençoava os pães e os peixes, pedindo aos apóstolos que os servissem ao povo.

Foi o milagre da solidariedade, do amor-compaixão, da abundância gerada por Deus, em colaboração com o homem. A nossa parte é indispensável: nem que sejam cinco pães e dois peixes, migalha para a fome de uma multidão. Às vezes é apenas isso que Deus pede: *Um pouco de boa vontade*, um gesto de fé, uma partilha de amor, tudo que um milagre requer. E ele se torna tão abundante e maravilhoso que ainda sobra comida para os outros, porque há sempre alguém com fome à espera de pão.

O corpo fora atendido.

As forças do povo, refeitas, agora, poderiam conduzi-lo de volta a suas casas.

No entanto, como Jesus tantas vezes lembrava, havia uma "outra fome" e seria necessário um "outro pão" para saciá-la.

"*Meu alimento é fazer a vontade daquele que me enviou*" (Jo 4,34).

A fome da alma é infinita e não há pão material que possa saciá-la. Se as necessidades do corpo não podem ser negligenciadas, muito menos as espirituais devem ser esquecidas. E como o são tantas vezes! Todos os cuidados para o corpo, e a alma? Como alimentar nosso espírito, necessitado das coisas de Deus?

"Eu sou o pão da vida: quem vem a mim não sentirá mais fome" (Jo 6,35).

O Mestre pensou em tudo. Encontrou um jeito de ficar conosco, dando-nos, pela Eucaristia, seu próprio corpo como alimento (cf. Mt 26,26). É no pão eucarístico que nossa alma busca forças para a jornada. Somos peregrinos, romeiros de Deus, e causamos em meio aos desertos da vida. É **necessário, porém, caminhar.** Enquanto a força da Eucaristia sustentar e fortalecer nosso espírito, nada nos detém. No Cristo somos fortes, somos vencedores. Rumo à Pátria Final, à casa do Pai (Jo 14,1-4), e caminhemos felizes!

Prece para saciar nossas fomes

Senhor,
quando penso no pão partilhado
saciando a fome da multidão,
fico extasiado e radiante
com teu maravilhoso poder.

Tua bênção multiplica aos milhares
os pães e os peixes doados.
São eles – cinco pães e dois peixes –
minha parte em teu Reino:
migalhas que se transformam,
pequenas porções de amor
que saciam grandes fomes.

É tudo que tenho, Senhor:
um coração disponível,
sem grandes recursos pessoais,
aguardando tua bênção
que tudo transforma.

Sei que o milagre a ti pertence,
mas "os peixes e os pães" de minhas ações
são indispensáveis para a multiplicação.

E há **outras fomes**, Senhor:
– fomes que o espírito padece –
que somente tua graça
é capaz de saciar,
tua Palavra, teu Corpo e Sangue,
tua eterna presença conosco:
eis o que eu mais desejo,
eis o que eu busco diariamente.
Sacia-me, Senhor,
e viverei feliz,
hoje e sempre, feliz.

20

Milagres: sinais autênticos da fé

Como já vimos em páginas anteriores, o Mestre enfrentava diversas vezes a **incredulidade** dos fariseus – e até de seus conterrâneos –, motivo pelo qual era "impedido" de realizar milagres.

Para Ele, **a fé precedia o milagre**. Para a mente racional dos escribas e fariseus, os milagres deveriam anteceder à fé – para que, vendo, cressem.

"Que sinal tu fazes, para que vejamos e acreditemos em ti? Que obra realizas?" (Jo 6,30).

E o Mestre os repreendia severamente, mostrando-lhes o quanto estavam equivocados:

"Se não virdes sinais e prodígios, não acreditareis!" (Jo 4,48).

A **fé** é a condição sem a qual o milagre não acontece. **É Deus quem o realiza**, mas a fé aciona o poder divino.

"TUDO é possível para quem crê!" (Mc 9,23).

Extraordinária e radical afirmação do Mestre! Inequívoca, abrangente, total! Simplesmente "tudo": sem ressalvas, sem limites, sem meios termos.

A **fé** do romeiro de Maria, antes mesmo de pisar no Santuário de Aparecida, realiza a cura. A graça é abençoada porque, em momento algum, colocou-se em dúvida de que a Mãe de Jesus não fosse capaz de efetuar o milagre.

"Vai e te aconteça conforme tua fé", disse Jesus ao centurião romano, e seu servo ficou curado (Mt 8,13).

Nossa fé move os passos que nos levam a Maria. Nossa fé sustenta-nos em fraquezas e desânimos que possam surpreender-nos.

Nossa fé nos conduz, impulsiona e ilumina nos caminhos mais adversos que tivermos que percorrer.

Quando a fé é suficientemente forte, *capaz de vislumbrar os resultados desejados como já alcançados*, nada impedirá você de conseguir as graças que tanto almeja (cf. Mc 11,24). Crer, com tanta certeza, como se já fosse verdade o que você pede. E o milagre acontecerá, porque a fé é um dom de Deus que não sofre restrições.

A fé, vivida em comunidade de oração, de ação, de amor fraterno, é o alicerce de todos e de qualquer romeiro que busca Deus de coração sincero.

"Aparecida" é também o santuário de seu coração. Nele, em qualquer recanto da terra onde você estiver, você vive e fortalece sua fé.

Erga seus olhos aos céus.

Caminhe com passo firme.

A cada momento, na estrada da vida, Maria o aguarda.

Prece do poder da fé

Como é grande e maravilhoso, Senhor,
o extraordinário poder da fé!
Sem ele, **nada** é possível.
Com ele, **tudo** se realiza.

Crer é a medida que tudo esclarece:
nos fracassos ou sucessos,
nos desânimos ou vitórias,
nas doenças ou saúde,
"te aconteça conforme tua fé".

Ao que pouco espera e pouco crê,
a medida é pobre e pequena.
Ao que muito almeja
e crê de coração sincero,
as portas da vida se abrem
em bênçãos de abundância.

Teu poder, Senhor,
reforce minha fé vacilante,
toque meu coração intranquilo,
aumente minha frágil convicção
de que **tudo é possível:**
basta que eu creia
de todo o coração.

"Tudo que pedirdes em oração
– crendo que já o tendes alcançado –
alcançareis" (Mt 11,24).
Eis o poder:
eis o milagre acontecendo.

❁ ❁ ❁

21 Maria, modelo de fé

Se existe alguém que viveu sua fé de forma radical e inquestionável, esta é *Maria*, a mãe do Salvador. Moça humilde, simples, cheia de amor a Deus, vivia na expectativa da vida do Messias, conhecedora que era das Sagradas Escrituras. Seu coração era puro, aberto aos desígnios de Deus, pronta a colaborar com tudo o que fosse necessário para que as profecias se realizassem.

Vivia ela em Nazaré, pequeno vilarejo da Galileia.

Eis que um dia o inusitado aconteceu: O Anjo do Senhor, Gabriel, apareceu a ela com um anúncio surpreendente: ela, Maria, a meiga menina do povoado, fora a *escolhida*.

Deus a escolhera para ser a mãe de Jesus, simplesmente, DEUS (Lc 1,26-37).

E sua resposta nós conhecemos: **"Eis aqui a serva do Senhor, faça-se em mim segundo tua palavra"**.

FÉ: isso é fé, aceitação, entrega, disponibilidade.

Como tudo isso se daria? Grávida pelo poder do Espírito de Deus? E a voz do povo, o que diria? E seu noivo José, que faria ele?

Nada seu coração temia. Deus estava com ela e o poder da fé seria capaz de gerar o Messias.

Aos doze anos do menino, como de costume, peregrinaram a Jerusalém, ao Templo do Senhor.

E ao regressarem, eis o susto: silenciosamente o menino ficara em Jerusalém, reunido no Templo com os doutores da Lei, *"ouvindo-os e interrogando-os"* (Lc 2,46).

Maravilhados estavam todos com suas respostas, porque nele se manifestava a sabedoria de Deus.

"Filho, por que fizeste isso conosco?

– Por que me procuráveis? Não sabíeis que devo estar naquilo que é de meu Pai?"

Sem nada entender, **a fé** entrou novamente em ação. Voltaram para Nazaré e *"sua mãe conservava todas estas recordações em seu coração"* (Lc 2,51b).

"Jesus ia crescendo em sabedoria, estatura e graça diante de Deus e dos homens" (Lc 2,52).

– Certo dia, adulto, beirando seus trinta anos, despediu-se Jesus de sua mãe.

O Profeta viera para anunciar. E pôs-se a caminho. O restante de sua história nos é conhecida. Em todos os momentos, o coração da mãe o acompanhava. Às vezes, como na festa de casamento em Caná (cf. Jo 2,1-12), sua presença física era marcante.

No mais difícil de todos os momentos, vendo seu filho condenado e crucificado, lá estava ela, *"junto à cruz de Jesus"* (Jo 19,25).

Com o coração partido, sua fé no Senhor a mantinha em pé. Ele havia anunciado sua morte e sua ressurreição. A vitória final seria de Deus: seu filho viveria para sempre, ressurgido dentre os mortos.

Eis, Maria: modelo de nossa fé.

Olhemos para ela, e sigamos seus passos.

– Felizes por sermos seus filhos.

Prece a Maria, mãe de Jesus

Gosto de pensar em ti, Maria.
Gosto de falar contigo, mãe de Jesus.
Fico imaginando como eram teus dias,
menina humilde de Nazaré.
Coração singelo e puro,
coração cheio de Deus,
meditando nas palavras da Escritura
e sonhando, como outras mulheres sonhavam,
em ser a Escolhida para mãe do Salvador.

Teu coração sabia...
Sabia que algo maravilhoso
estava por acontecer,
tua fé iria transformar-se
em entrega,
em aceitação,
em disponibilidade.
**"Faça-se em mim
segundo tua palavra."**

A fé te emprestava força,
coragem e desprendimento.
Na vida reclusa de teu Filho,
nas longas jornadas de pregação,
nas privações e nos contratempos,
na cruz e na ressurreição:
eis a fé te sustentando.

Prostro-me agora diante de ti, Maria,
e deixo meu coração falar.
Sei que me acolhes,
sei que me atendes.
Por isso, comovido te agradeço, Maria.